Todo sobre los

TIBURONES

Unidades de medida

John Lockyer

Créditos de publicación

Editora
Sara Johnson

Directora editorial
Emily R. Smith, M.A.Ed.

Editora en jefe
Sharon Coan, M.S.Ed.

Directora creativa
Lee Aucoin

Editora comercial
Rachelle Cracchiolo, M.S.Ed.

Créditos de imagen

El autor y los editores desean agradecer y reconocer a quienes otorgaron su permiso para la reproducción de materiales protegidos por derechos de autor: portada Harcourt Index; título Alamy; pág. 4 Alamy; pág. 5 Alamy; pág. 6 Harcourt Index; pág. 7 Alamy; pág. 8 The Photo Library; pág. 9 The Photo Library; pág. 10 Harcourt Index; pág. 11 Nature Picture Library; págs. 12-13 The Photo Library; págs. 14-15 Harcourt Index; pág. 16 Alamy; pág. 17 Harcourt Index; pág. 18 (arriba) Alamy; pág. 18 (abajo) Shutterstock; pág. 19 The Photo Library; pág. 20 (todo) Shutterstock; pág. 21 Alamy; pág. 22 The Photo Library; pág. 23 Getty Images; pág. 23 Alamy; pág. 24 The Photo Library; pág. 25 Seapics.com; pág. 26 Alamy; pág. 28 Alamy; pág. 29 Alamy.

Si bien se ha hecho todo lo posible para buscar la fuente y reconocer el material protegido por derechos de autor, los editores ofrecen disculpas por cualquier incumplimiento accidental en los casos en que el derecho de autor haya sido imposible de encontrar. Estarán complacidos de llegar a un acuerdo adecuado con el legítimo propietario en cada caso.

Teacher Created Materials

5301 Oceanus Drive
Huntington Beach, CA 92649-1030
http://www.tcmpub.com
ISBN 978-1-4938-2936-1

Contenido

Tiburones

Cuando piensas en el océano, ¿qué animales vienen a tu mente? Quizás pienses en peces. Si es así, entonces es posible que pienses en tiburones. Los tiburones son peces.

Hay alrededor de 350 **especies** diferentes de tiburones en el mundo.

Nadador lento

El tiburón wobbegong nada lentamente a lo largo del lecho marino. Su velocidad es de menos de 0.6 millas por hora (1 km/h).

Nadador rápido

Este tiburón mako nada tan rápidamente que puede saltar fuera del agua. Alcanza velocidades de 19 millas por hora (30 km/h) y puede saltar casi 20 pies (6 m) en el aire.

EXPLOREMOS LAS MATEMÁTICAS

Las pulgadas y los pies son **unidades** de medida. Miden la longitud. El tiburón mako puede saltar hasta 20 pies en el aire.

a. Aproximadamente, ¿cuántas pulgadas es esto?
Pista: 12 pulgadas = 1 pie

El tiburón mako puede nadar a una velocidad de 19 millas por hora.

b. Si el tiburón nadara una distancia de 76 millas, ¿cuántas horas nadaría?

Cuerpos sin huesos

A diferencia de otros peces, los tiburones no tienen huesos. Tienen **esqueletos** hechos de **cartílago**. Tú tienes cartílago en las orejas y la nariz.

La forma del cuerpo del tiburón lo ayuda a nadar bien en el agua. Las fuertes aletas lo impulsan hacia delante.

branquias

cabeza

hocico

Los tiburones tienen **branquias** que usan para respirar debajo del agua. Los tiburones tienen de 5 a 7 filas de branquias.

aleta dorsal

aleta de la cola

aletas

El tiburón más pequeño

El tiburón más pequeño es el tiburón perro enano. Crece hasta cerca de 6 pulgadas (15 cm) y pesa tan solo 1.5 onzas (42 g). Es lo suficientemente pequeño para caber en la mano de una persona adulta.

Tiburones primitivos

Diferentes tiburones han vivido en el océano durante casi 400 millones de años. El tiburón megalodón vivió entre 1.6 y 16 millones de años atrás.

tiburón megalodón

Un diente de tiburón megalodón

El megalodón medía hasta 50 pies (15 m) de longitud. Las mandíbulas medían 6.5 pies (2 m) de ancho. Los dientes medían hasta 8 pulgadas (20 cm) de largo. Pesaba alrededor de 20 toneladas (18,144 kg), lo que equivale a 5 elefantes.

Un tiburón megalodón tenía 3 veces la longitud de un gran tiburón blanco.

gran tiburón blanco

EXPLOREMOS LAS MATEMÁTICAS

Una tonelada se usa para medir grandes cantidades de peso. Un megalodón podía pesar lo mismo que 5 elefantes o un total de 20 toneladas.

a. Aproximadamente, ¿cuánto pesa cada elefante?

Los dientes del megalodón medían hasta 20 centímetros de longitud. Los dientes del gran tiburón blanco miden alrededor de 5 centímetros de longitud.

b. ¿Cuántas veces más grande es el diente del megalodón?

Cabezas y colas

En la actualidad, más de la mitad de las especies de tiburones miden menos de 3 pies (1 m) de largo. Pero algunas especies crecen mucho más y tienen características inusuales.

El tiburón cabeza de martillo tiene ojos en los extremos de la cabeza. Balancea la cabeza de lado a lado para ver. La cabeza puede crecer hasta la mitad del tamaño de su cuerpo.

El tiburón cabeza de martillo mide alrededor de 12 pies (hasta 4 m) de longitud. Aún así, se le puede encontrar nadando en aguas de menos de 3 pies (1 m) de profundidad.

El tiburón azotador usa la cola para golpear y cortar a otros peces. Esto hace que su **presa** sea más fácil de atrapar y comer. La cola puede crecer tanto como el tamaño de su cuerpo.

Un tiburón azotador puede crecer hasta 15 pies (5 m) de largo.

Dientes

Los tiburones a menudo pierden los dientes cuando atrapan a sus presas. Es por ello que siempre les crecen dientes nuevos. Los tiburones pueden tener hasta 3,000 dientes al mismo tiempo. Los dientes del tiburón a menudo crecen en filas de 5. ¡A un tiburón le pueden llegar a crecer hasta 30,000 dientes en toda la vida!

EXPLOREMOS LAS MATEMÁTICAS

Las libras (lb) y las onzas (oz) se usan para medir cantidades de peso.
Pista: 1 libra = 16 onzas

a. Un gran tiburón blanco puede comer 20 libras de 1 solo bocado. ¿A cuántas onzas equivale eso?

b. ¿Cuántas onzas hay en ½ libra?

Grandes dientes

El gran tiburón blanco tiene dientes filosos y dentados para morder y desgarrar. ¡Puede arrancar 20 libras (9 kg) de su presa con cada mordida!

Aletas dorsales

La aleta sobre el lomo del tiburón se llama aleta dorsal. Esta es la aleta que con frecuencia se puede ver por encima del agua. Las aletas dorsales son rígidas. Las aletas del tiburón lo ayudan a mantenerse derecho en el agua. Todos los tiburones tienen 1 o 2 aletas dorsales.

Aletas dorsales

Tiburón	Altura de la aleta dorsal
tiburón perro enano	2.5 cm
tiburón cigarro	3.75 cm
tiburón ángel	10 cm
tiburón cabeza de toro	20 cm
tiburón azotador	33 cm
tiburón de Groenlandia	50 cm
tiburón peregrino	100 cm
gran tiburón blanco	100 cm
tiburón ballena	228 cm

aleta dorsal

Los centímetros también se pueden usar para medir longitud.
Usa la tabla de la página 14 para responder estas preguntas.
Pista: 10 milímetros = 1 centímetro

a. ¿Cuántos milímetros mide la aleta dorsal de un tiburón ángel?

b. ¿Qué tiburón tiene una aleta dorsal que mide 1,000 milímetros
de longitud?

c. La longitud de la aleta dorsal de un tiburón cabeza de toro es:

1. 2 milímetros   **2.** 20 milímetros   **3.** 200 milímetros

¿Cuáles océanos?

Los tiburones se encuentran en todos los océanos del mundo. Viven en las diferentes profundidades del océano. Pero la mayoría de los tiburones viven en aguas cálidas e iluminadas a profundidades de 650 pies (200 m). La temperatura del agua aquí está entre 50 °F a 68 °F (10 °C a 20 °C).

Nadadores del lecho marino

Los tiburones ángel viven sobre el lecho marino, cerca de las costas, donde la temperatura del agua está por encima de los 68 °F (20 °C).

Un tiburón de arrecife de punta blanca caza alimento en el agua iluminada y cálida sobre el arrecife de coral.

Tiburones ballena

El tiburón ballena es el pez más grande del mundo. Crece más de 40 pies (12 m) de largo y puede pesar hasta 13 toneladas (11,793 kg). Los tiburones ballena son nadadores lentos. Alcanzan velocidades de hasta 3 millas por hora (5 km/h).

Un tiburón ballena tiene más o menos la misma longitud que un autobús escolar.

¡Boca grande!

Los tiburones ballena nadan con la boca abierta. Aspiran agua llena de **plancton** y peces pequeños. La boca de los tiburones ballena puede medir 5 pies (1.5 m) de ancho. Pueden aspirar más de 1,500 galones (6,000 l) de agua en una hora.

EXPLOREMOS LAS MATEMÁTICAS

Los litros y los mililitros se usan para medir cantidades de líquido. Un tiburón ballena puede aspirar 6,000 litros de agua en una hora.

Pista: 1 litro = 1,000 mililitros

a. ¿Cuántos mililitros hay en 6 litros?

b. ¿Cuántos mililitros hay en 1½ litros?

Grandes tiburones blancos

Los grandes tiburones blancos son una de las especies más famosas de tiburón. ¡Se han hecho películas sobre ellos! La mayoría de los grandes tiburones blancos crecen entre 12 y 20 pies (aproximadamente 3.5 a 6 m) de largo. Eso es cerca del largo de una camioneta.

Movimientos rápidos

Los grandes tiburones blancos son cazadores sorprendentes. Pueden alcanzar velocidades de 25 millas por hora (40 km/h) y pueden saltar fuera del agua para atrapar su presa.

EXPLOREMOS LAS MATEMÁTICAS

¿Cuál de estas unidades de medida crees que describe mejor el peso de un gran tiburón blanco? Escribe al menos 2 oraciones para explicar tu respuesta.

a. 20 kilogramos   **c.** 2 toneladas

b. 2 libras   **d.** 20 libras

Tiburones raros

El tiburón inflado aspira agua cuando se asusta. Se puede inflar a sí mismo hasta 3 veces su tamaño normal. Puede anclarse entre las rocas. Esto quiere decir que ningún **depredador** lo puede sacar.

tiburón inflado

22

Este tiburón cigarro tiene dientes largos y afilados. Muerde y se aferra a presas más grandes. Cuando las suelta, la mordida es redonda.

Este delfín fue mordido por un tiburón cigarro.

¿Bajo ataque?

Algunas personas creen que los tiburones son animales muy peligrosos. Pero solo se reportan de 50 a 75 ataques de tiburón cada año. Sin embargo cada año se atrapan y matan aproximadamente 100 millones de tiburones.

Un tiburón atrapado en una red de pesca

A los tiburones los matan por su carne. También se usan partes del tiburón para hacer ropa y lociones. Muchos tiburones quedan atrapados en redes de pesca y mueren. A los científicos les preocupa que maten a los tiburones antes de que tengan bebés. Esto significa que habrá menos tiburones en el futuro.

Tiburones bebé

Los tiburones bebé se llaman crías. La cría de un gran tiburón blanco mide cerca de 4 pies (1.2 m) de largo al nacer y pesa aproximadamente 40 libras (18 kg). ¡Eso es casi el mismo tamaño que tenías a los 5 años de edad!

cría de tiburón

Estudio de los tiburones

Los científicos quieren aprender más sobre los tiburones. Hacen esto de diferentes maneras. Algunos se meten en jaulas y entran al agua para filmar a los tiburones. Otros científicos nadan con los tiburones. ¡Tienen que usar trajes de buceo especiales para mantenerse seguros! Estas personas nos ayudan a aprender más sobre estos sorprendentes peces.

Medidas del tiburón

Tiburón	Longitud promedio	Peso promedio
tiburón perro enano	6 pulgadas (15 cm)	1.5 onzas (43 g)
tiburón cigarro	20 pulgadas (50 cm)	5.5 onzas (156 g)
tiburón cabeza de toro	40 pulgadas (1 m)	20 libras (9 kg)
tiburón ángel	5 pies (1.5 m)	66 libras (30 kg)
tiburón azotador	15 pies (4.5 m)	350 libras (159 kg)
tiburón de Groenlandia	20 pies (6 m)	2,200 libras (998 kg)
gran tiburón blanco	20 pies (6 m)	7,000 libras (3,200 kg)
tiburón peregrino	33 pies (10 m)	15,400 libras (6,985 kg)
tiburón ballena	40 pies (12 m)	28,700 libras (13,018 kg)

EXPLOREMOS LAS MATEMÁTICAS

Usa la tabla anterior para responder estas preguntas.

a. ¿Qué tiburón mide exactamente 5 yardas de longitud? *Pista:* 1 yarda = 3 pies.

b. ¿Cuál tiburón mide exactamente dos veces la longitud del tiburón cigarro?

c. ¿Cuántos tiburones cabeza de toro suman un peso total de 100 libras?

Tiburones en el salón de clases

Los estudiantes de la escuela primaria Seaview han estado aprendiendo sobre tiburones. Quieren hacer dibujos de tiburones de tamaño real para exponer en las paredes del salón de clases. Cada pared del salón de clases mide 45 pies (13.7 m) de longitud.

Los estudiantes deciden exponer los dibujos de los siguientes tiburones:

Tipo de tiburón	Longitud del tiburón
azotador	15 pies (4.5 m)
ángel	5 pies (1.5 m)
de Groenlandia	20 pies (6 m)
cabeza de toro	3 pies (0.9 m)

¡Resuélvelo!

Usa la información de la tabla para responder las siguientes preguntas. Ten en cuenta que los dibujos se expondrán de extremo a extremo.

a. ¿Cuántos dibujos de tiburones azotadores caben en 1 pared?

b. ¿Cuántos dibujos de tiburones ángel caben en 1 pared?

c. ¿Cuántos dibujos de tiburones de Groenlandia caben en 1 pared?

d. ¿Cuántos dibujos de tiburones cabeza de toro caben en 1 pared?

e. Explica cómo resolviste las preguntas **a** y **d**.

Glosario

branquias: órganos de los peces que toman oxígeno del agua

cartílago: tejido firme y elástico en el cuerpo

depredador: cazador

especies: tipos de animales

esqueletos: los huesos de un animal

plancton: animales y plantas muy diminutos que flotan en el agua

presa: un animal que otro animal caza y mata para alimentarse

unidades: medidas de cantidad

Índice

Exploremos las matemáticas

Página 5:

a. 1 pie = 12 pulgadas, entonces 20 pies × 12 pulgadas = 240 pulgadas

b. 76 millas ÷ 19 millas por hora = 4 horas

Página 9:

a. 20 toneladas ÷ 5 elefantes = 4 toneladas cada uno

b. 20 cm ÷ 5 cm = 4 veces más grande

Página 12:

a. 20 × 16 = 320 onzas   **b.** 16 onzas ÷ 2 = 8 onzas

Página 15:

a. 100 milímetros

b. El tiburón peregrino y el gran tiburón blanco

c. 3. 200 milímetros de longitud

Página 19:

a. 6 × 1,000 = 6,000 mililitros

b. 1 litro = 1,000 mililitros; ½ litro = 500 mililitros
1,000 + 500 = 1,500 mililitros

Página 21:

c. 2 toneladas
Las explicaciones variarán.

Página 27:

a. El tiburón azotador

b. El tiburón cabeza de toro

c. 5 tiburones cabeza de toro

Actividad de resolución de problemas

a. Un tiburón azotador mide 15 pies de longitud. 15 pies × 3 = 45 pies, entonces 3 dibujos de tiburones azotadores caben en 1 pared.

b. 45 pies ÷ 5 pies = 9 pies, entonces 9 dibujos de tiburones ángel caben en 1 pared.

c. 20 pies + 20 pies = 40 pies. Solo 2 dibujos de tiburones de Groenlandia de tamaño completo caben en una pared de 45 pies.

d. Un tiburón cabeza de toro mide 3 pies de longitud. 45 pies ÷ 3 pies = 15 pies, entonces 15 dibujos de tiburones cabeza de toro caben en 1 pared.

e. Las respuestas variarán.